फ़लसफ़ा-ए-ज़िंदगी/ Falsafa-e-Zindagi

कुछ सबक़ ज़िंदगी से...ज़िंदगी जीने के लिये...

डॉ. स्नेहा गुप्ता कालिया

BookLeaf Publishing
India | USA | UK

Made with ❤ on the BookLeaf Publishing Platform
www.bookleafpub.in
www.bookleafpub.com

Dedication

यह क़िताब समर्पित है- जीवन, उसके अनुभव और उनसे मिलने वाली सीख को,
यह समर्पित है- हर उस व्यक्ति को जो कभी भी किसी भी भूमिका में मेरी जीवन- यात्रा का हिस्सा रहा,
इसके अतिरिक्त यह समर्पित है- हर उस शख़्स को जो कभी इसे पढ़ेगा...

This book is dedicated to Life, its experiences and its lessons!
Also, to the people who have ever been a part of my journey of life; and
to my readers...

Preface

कुछ किस्से सुने, कई कहानियाँ बुनीं,
इक हसीन मोहब्बत, कई दिल्लगी की दास्तानें रहीं,
सुकून के लाखों लम्हों में, कुछ पल बेचैनियाँ रहीं,
बेफिक्री का बचपन और अधेड़ उम्र में ज़िम्मेदारियाँ रहीं,
कई ख़ुशनुमा पल जिए, कुछ ग़मग़ीन रातें कटीं,
कई अजनबियों से मोहब्बत, कुछ अपनों से अदावटें मिलीं,
कुछ अज़ीज़ों को अलविदा किया, कुछ नवजातों में नई ज़िंदगी मिली,
इन्हीं तमाम तजुर्बों से, ***फ़लसफ़ा-ए-ज़िंदगी*** *तैयार हुई!!*

आइए इस सफ़र में मेरे हमसफ़र बनिए...शायद जो मैंने महसूस किया वो कहीं ना कहीं आपके दिल को भी छू जाए, शायद मेरे अनुभव आपके लिए कुछ ख़ास सबक़ बन जायें... आशा करती हूँ अपने इस संग्रह से आपके जीवन को कुछ और सुगम, आपकी

सोच को कुछ भिन्न और आपके दृष्टिकोण को कुछ अधिक परिपक्व बना पाऊँ...!!

Acknowledgements

सर्वप्रथम, मैं ईश्वर का धन्यवाद करती हूँ कि यह स्मरणिका लिखने का गौरव मुझे प्रदान किया।

तत्पश्चात्, मैं कृतज्ञ हूँ अपनी माता जी एवं अपने पिता जी की जिनकी परवरिश और संस्कारों के कारण मैं इस व्यक्तित्व की स्वामिनी हूँ; जिनके मार्गदर्शन से ही मैं भाषा को इस प्रकार समझ पायी की अपने भावों की अभिव्यक्ति के लिए उपयुक्त शब्दों का चयन कर सकने में समर्थ हूँ।

इस कविता संग्रह को एक प्रकाशित पुस्तक का रूप प्रदान करने के लिए मैं आभार व्यक्त करती हूँ BookLeaf Publishing का, जिनके कारण ये कविताएँ मेरे मन से मेरी कलम के माध्यम से मेरी किताब के पन्नों पर उतर पायीं।

इसके अतिरिक्त मैं आभारी हूँ मेरे सभी प्रियजन एवं परिवारजनों की जिनसे समयानुसार मैंने बहुत कुछ सीखा, जिन्होंने मेरी लेखनी को पढ़ा, सराहा और मुझे प्रोत्साहित किया।

अक़्स

लफ़्ज़ और लहज़ा,
ऐसे आईने हैं,
जिनमें अकसर,
अक़्स दिख जाता है क़िरदार का !!

Watch your words and the tone thereof, as they generally reflect who you truly are....

दोस्ती

हज़ार मौके मिल जाएँगे,
गिले शिकवे जताने को,
बस एक वजह ही काफ़ी है,
उम्र भर निभाने को !!

It takes a lifetime to make true friends, don't lose them over trivial matters....

मोहब्बत

दिल्लगी,
दिल की लगी नहीं होती,
दिलक़श हो जाएँ कई,
दिलनशीं हर कोई नहीं होती !!

In the world full of fake relations, true love always finds its way....not all infatuations turn into lasting relationships!!

इबादत

इश्क़ और इबादत,
दिल से करो;
दिमाग़ से तो सिर्फ़,
राजनीति होती है !!

The Heart or The Mind- chose wisely, the appropriate one...

परवरिश

परवरिश वो परीक्षा है,
जिसके नतीजे;
या तो आँखें भर देते हैं,
या दिल !!

Your upbringing will decide whether your old-age will be heart-wrenching or heart-warming...

इंसान

यूँ तो इंसान,
बुलन्दियों को छूना चाहता है,
नज़रों से गिरने में,
ना जाने उसे क्या मज़ा आता है !!

To fall in your own eyes or those of your beloved, is the greatest fall...

शख़्सियत

शख़्सियत समझनी इंसान की,
आसान नहीं होती!
क्यूँकि अधिकतर के ज़हन और ज़ुबान
पर,
एक बात नहीं होती !!

Let your words carry the weight of your credibility, let your mind reflect your personality...

क़द्र

ज़िंदा रहते,
इंसान की क़द्र नहीं होती,
मरने के बाद,
हर शक़्स दिल- अज़ीज़ बन जाता है !!

Cherish what you have, Love who loves you...before they are gone!

कर्म

कर्म ऐसे करो,
जिन पर पछतावा ना हो,
क्यूँकि ग्लानि के आँसू,
दिल ही नहीं,
आत्मा को भी धो देते हैं !!

Being Conscientious is much easier than Being Guilty!

अहंकार

प्यार के एहसास को जब,
अहंकार की दीमक लग जाती है,
ढह जाते हैं संबंधों के पुल,
दरार रिश्तों में आ जाती है !!

Love and Ego don't walk hand-in-hand...don't mix the two!

फरिश्ते

कुछ ज़िंदा होकर भी,
हैवान से कम नहीं !
कुछ मुर्दे भी,
फरिश्ते कहलाते हैं !!

Kill the Evil before it kills you...while you are still alive!
All who are dead are not The Angels...!

हौंसला

मुक़द्दर के मुक़द्दमे,
दलीलों से नहीं,
हौसलों से जीते जाते हैं ।।

To fight against your fate, what's truly needed is the courage and strength to face it...

ख़ुदा की ख़ुदाई

वाह ! रे ख़ुदा
क्या ख़ूब है तेरी खुदाई,
चाहे लाख गुनाह मैं करूँ,
तेरी रहमत में ना कोई कुताही ।।

'HE', who forgives all my sins and wrong-doings; and 'HE', who never shies away from blessing me...is the one whom we call 'The Almighty-The GOD'

चेहरे

कामयाबी के फ़लक से,
ज़मीन की तह तक चला !
ये अर्श से फ़र्श तक का सफ़र,
कई चेहरे बेनक़ाब कर गया !!

Tough times don't just try you, they also reveal how true are the people around you...

क़ैद

क़ैद से रिहाई,
हर क़ैदी चाहता है,
एक मेरा दिल है,
जो तेरे इश्क़ में गिरफ़्त होना चाहता है।।

There is no greater slave than a Heart held captive in Love....

सुकून

कल के सुकून की तलाश में,
आज का चैन लुटा है !
जिसके लिए आज ग़ुमशुदा है,
वो कल तो ख़ुद लापता है !!

Tomorrow is unknown, still we work hard to make it better; forgetting that the price we pay in return is very high-Our TODAY!
So, stop chasing, start living...living in the moment...!!

फ़ुर्सत के पल

ज़िंदगी भर इंसान,
फ़ुर्सत के चंद लम्हों को तलाशता रहा,
बनाने थे यादग़ार वो पल जिनके साथ,
अंत में उन्हीं रिश्तों को तरसता रहा।।

True that time is infinite; but the Time you have in this world is limited...so make every moment count, for you don't know which is the perfect moment for something you have been deferring or waiting for; for you don't know till when you have the luxury of having company of your loved ones!! So, don't wait and don't waste, this precious moment, that exists NOW!

मन के मोती

गोते लगाने थे अंदर,
मैं तैरता रहा बाहर कहीं,
जिन नायाब मोतियों की तलाश थी,
वो छिपे थे मन के समंदर में कहीं।।

Journey inwards is more rewarding than that outwards!
Seek, whatever you wish for, within.

बेरुख़ी

रूठे-रूठे से मेरे सरकार नज़र आते हैं,
बदले से तेवर, बदले मिजाज़ नज़र आते
हैं,
वजह क्या हुई इस बेरुख़ी की,
क्यूँ ग़ैरों में हमनवा और हम में ग़ैर नज़र
आते हैं??

Don't let your words/ actions be guided by your mood/ anger. True love isn't blown by strong winds, rather it grows its roots deeper.

भूल

ना जाने क्यूँ अक़सर,
लोग ये भूल करते हैं,
तन्हाई में तारीफ़,
भीड़ में रुसवाई करते हैं,
अपने लिए कुछ और,
दूसरों के लिए कुछ और उसूल रखते हैं,
ना जाने क्यूँ अक़सर,
लोग ये भूल करते हैं।।

Just be yourself; no matter where or with whom you are.

Maintain your standards; not as per others but as per what's right for you

ज़िंदगी गुज़र ही जाती है

मौज़ू और मुस्तक़बिल के दरमियाँ ही
कहीं ,
ज़िंदगी गुज़र जाती है।
बीते कल की यादों और आने वाले कल
के सपनों के बीच,
ज़िंदगी गुज़र जाती है।
ज़िम्मेदारियों और अरमानों की लड़ाई के
बीच,
ज़िंदगी गुज़र जाती है।
बचपन में माँ-बाप से पाने और बड़े
होकर औलाद पर
प्यार लुटाने के बीच,

ज़िंदगी गुज़र जाती है।
बेटी, बहन, बीवी, बहू और फिर माँ की
भूमिका निभाते- निभाते,
ज़िंदगी गुज़र जाती है।
एक दिन सिर्फ़ ख़ुद के लिए जीऊँगी,
ऐसा सोचते- सोचते ही,
ज़िंदगी गुज़र जाती है।

Time flies...

अदालत

पहना जो उन्होंने काला कोट,
अदालत घर में आ गई,
कटघरों में खड़े हो गए रिश्ते,
दलीलें दिल दुखा गईं!!

What's more important...being right and winning the battle or respecting and saving your relations..??

आख़िर क्यूँ मैंने??

उम्र के आख़िरी पड़ाव पर ख़्याल आया,
कि
आख़िर क्यूँ मैंने
ज़िंदगी ख़र्च कर दी,
दौलत कमाते- कमाते,
प्यार ख़र्च कर दिया,
लोगों को अपनाते- अपनाते,
सुकून ख़र्च कर दिया,
एक पहचान बनाते- बनाते,
सेहत ख़र्च कर दी,
ज़िम्मेदारियाँ निभाते- निभाते,
आत्म-सम्मान तक ख़र्च कर दिया,

रूठों को मनाते- मनाते,
जबकि मैं ये जानती हूँ,
काम आएँगी तो बस नेकियाँ जाते-
जाते।।

At the end of it all, its YOU who should matter to YOU!!

सफ़र बरक़रार रख...

चल उठा क़दम,
हिम्मत कर,
रख हौंसला,
इरादा पक्का कर,
आएँ चट्टानें जो राह में तेरी,
बन हथौड़ा,
उन्हें चकनाचूर कर,
खुलेगा रास्ता,
भरोसा रख,
परमात्मा साथ है तेरे,

विश्वास कर,
मिलेगी मंज़िल ज़रूर,
सफ़र बरक़रार रख।।

Have faith in The GOD and keep moving towards your goal; for there is no better strength than a strong Belief!!

www.ingramcontent.com/pod-product-compliance
Lightning Source LLC
Chambersburg PA
CBHW070653240926
51846CB00003BA/899
* 9 7 8 9 3 7 5 2 7 8 6 0 3 *